器用有尚

◎ 文房艺术与文人生活特展 ◎

国家典籍博物馆 安徽省文房四宝协会 编

国家图书馆出版社

目录

前言

李虹霖

文化是一个国家、一个民族的灵魂。文化兴国运兴，文化强民族强，文化自信是更基本、更深沉、更持久的力量。作为文化工作者，我们要深入领会这种自信，坚定文化自信，并将其渗透到工作的方方面面。

传统观念认为，公共图书馆是为民众提供书籍的地方。但是近年来，随着观念的改变，大家逐步意识到，新型的、面向世界的图书馆不应该仅限于提供书籍，更应该将图书和博物相融合，成为向民众提供知识、传播文化的大书房。这也是国内首家典籍博物馆——国家典籍博物馆设立的初衷。短短几年内，我们已举办了70余场带有书香味儿的展览，多角度、全方位地呈现了中华民族传统思想、文艺、习俗中蕴含的文化精髓，广受民众好评。

祖先们爱读书是有传统的，这种例子比比皆是。比如，宋元之交的文人翁森颇好读书，并将此种乐趣诉诸文字，以春、夏、秋、冬为题，写下了多彩诗篇——《四时读书乐》。春天在他笔下是这样的：

春

山光照槛水绕廊，舞雩归咏春风香。
好鸟枝头亦朋友，落花水面皆文章。
蹉跎莫遣韶光老，人生唯有读书好。
读书之乐乐何如？绿满窗前草不除。

春日晴丽，好学者如翁森，徜徉于书斋，捧读诗书，静享流年，顿觉山水花鸟皆活泼，人生之路绿意盎然、生机勃勃。

翁森是无数嗜书、好书人的缩影。文人这种好书的习惯构成了中国文化的底色，也无意间丰富了一个词的意蕴，成全了它的“书房”代名词作用。这就是“文房”。

“文房”在中国古代的文人圈中是个热门词语，其早期文献记载以南北朝时期的《梁书·江革传》为代表。该书载：“时吴兴沈约、乐安任昉并相赏重，昉与（江）革书云：‘此段雍府妙选英才，文房之职，总卿昆季，可谓驭二龙于长途，骋骐骥于千里。’”这时候，文房是官府掌管文书的地方，和书籍文献有关。唐代，文人中开始流行以“文房”指代书房，如李峤有诗云，“朋席余欢尽，文房旧侣空”，元稹诗中有“文房长遣闭，经肆未曾铺”的句子。

笔、墨、纸、砚是古人书房中最重要的书写、绘画工具。渐渐地，“文房”的含义进一步扩大，不仅指代“书房”，有时候也指代文房用具。许多与此相关的新称谓也应运而生，如“文房四宝”“文房四友”“文房四士”等，不胜枚举。

笔、墨、纸、砚构成了我国的书写基础，是人们观察万物、记述历史、交流情感、表达思想、传播知识不可或缺的载体，被誉为“文房四宝”。安徽是宣纸、徽墨、宣笔、歙砚的故乡，“四宝”俱全，因此，大家也习惯于将徽地称作“文房四宝”的故乡。

宣笔尖、圆、齐、健，是文人雅士吟诗作画的头等选择。按用途可分为画笔、书画笔、斗笔、排笔等；根据毛质不同，可分为羊毫、狼毫、兔毫等，种类很多。欧阳修曾经夸赞其“软硬适人意”“百管不差一”。这在今天看来，也是极高的评价。

徽墨至今也有千年的历史了，五彩墨、集锦墨、松烟墨等是其典型代表。其中，松烟墨取材于黄山松烟，品质极佳，且造型优美。日本画家东山魁夷曾说：“中国徽墨是受人欢迎的艺术珍品，我们从徽墨的艺术上看到了古老悠久的中国文化。”

宣纸以当地产的青檀树皮和稻草为主要原料，柔韧雪白、纹理细密、润墨性强、墨迹清晰，被称为“纸中之王”，又因为其抗老化、少虫蛀、不变色等特点，有“千年寿纸”之誉。宣纸的种类很多，有不少名纸，如历史上著名的“澄心堂纸”。李煜、李公麟、欧阳修、苏轼、梅尧臣等都视此纸为珍宝。欧阳修得到了一些澄心堂纸，舍不得下笔，转赠给了梅尧臣两幅，梅公欣喜异常，挥笔抒怀道：“滑如春冰密如茧，把玩惊喜心徘徊。”李公麟的《五马图》、米芾《将之苕溪戏作呈诸友诗卷》等用的都是澄心堂纸。

歙砚自古就很珍贵，常被作为贡品供皇家使用或典藏。歙县的能工巧匠根据砚石的原料、花纹和形状等天然特征，用雕刻等工艺，将其后天加工成玲珑剔透、温润生色的砚台。罗纹、眉纹、金星、金晕、鱼子……单单是名字，都美感十足。

“窥一斑而见全豹”，我国的文房用品种类繁多，文房文化博大精深。“文房四宝”作为中国传统的书写工具，千百年来，伴随着文化的发展和无数能工巧匠的智慧创造，以丰富的文化内涵和鲜明的时代特征，成为中国传统文化的重要组成部分。它们不仅塑造了我们的文化价值观念，而且影响到汉文化圈的周边国家和地区，有效传播了中国文化。在外国人眼中，它们是典型的“中国符号”。在西方语言中，“文房四宝”曾被翻译为“高品质的东方书画艺术用品”。

但是，随着科技的进步，当前传统书写方式日趋式微，生产笔、墨、纸、砚等文房用具的传统技艺也面临着挑战。为了促进对这些珍贵民族技艺的传承和保护，2006 年，宣纸制作技艺成为首批国家级非物质文化遗产。2009 年，该技艺被联合国教科文组织列入《人类非物质文化遗产代表作名录》。此外，徽墨、宣笔、歙砚也分别列入国家级非物质文化遗产代表名录。

公共图书馆担负着传承和保护文化遗产的职责。联合国教科文组织曾颁布《公共图书馆宣言》，赋予公共图书馆多项使命，其中就有涉及非物质文化遗产保护的规定。国家图书馆作为现代公共文化服务体系的重要组成部分，要推动文化事业发展，加强文物保护利用和文化遗产保护传承，为满足人民过上美好生活的新期待，提供丰富的精神食粮。

国家图书馆是我们国家的书房，是文人的书房，更是百姓的书房。它作为国家典籍博物馆，是中国优秀传统文化的展示中心。在此，我们特意策划举办了“器用为尚——文房艺术与文人生活特展”，以飨观众，带领大家走进书房，以笔、墨、纸、砚等为媒介，讲述“文房艺术”这个关乎文人生活的中国故事。

此次展览，经国家文物鉴定委员会、北京市文物鉴定委员会、故宫博物院的多位专家鉴定，国家典籍博物馆从众多适合展示的民间收藏文房精品中甄选出 177 种（件），包括笔、墨、纸、砚四大类及书房文杂，是全国文房的集中陈列。与此同时，我们还遴选了国家图书馆藏相关典籍文献与之相配，共同陈列在展厅内。金石翔集、红木沉香、黄卷镌墨，龙飞云舞、竹刻诗文、钤印累累，材质精良、造型各异，极具文物、文献和艺术价值，具有浓郁的文房特色。

时值深冬，寒风凛冽，户外活动很受约束。我们诚邀您在繁忙的工作之余，走进温暖如春的国家典籍博物馆，歇歇脚、充充电，流连于“文房”之中，读书、评笔、赏砚……亲近知识的同时，身心也会得到极大的放松，岂不快哉？

展览是有时限的，此本图录意在打破时间和空间的限制，以图文并茂的形式，最大限度地还原历史、记录知识，帮您留住这段美好、充实的记忆。也许，翁森的《冬日读书乐》能给我们多些共鸣。

冬

木落水尽千岩枯，迥然吾亦见真吾。
坐对韦编灯动壁，高歌夜半雪压庐。
地炉茶鼎烹活火，四壁图书中有我。
读书之乐何处寻？数点梅花天地心。

2017 年 12 月

筆

韡韡彤管，冉冉轻翰。正色玄墨，铭心写言。光赞天人，深厉未然。君子世之，无攻异端。

——（晋）傅玄《笔铭》

明代
剔红山水图毛笔
全笔长 23.8cm 剔红

明代

剔黄如意云纹笔

全笔长 22.3cm 剔黄

明代
海棠如意纹笔
全笔长 21cm 紫檀

清代
沉香魁星点斗笔
全笔长 23cm 沉香

清代
黑漆描金寿字笔
全笔长 32.8cm 大漆

清代

大漆螺钿金片笔

全笔长 22.5cm 大漆

清代
紫檀五爪云龙纹斗笔 巨型
全笔长 33.5cm 紫檀

民国
花梨木大抓笔
全笔长 26cm 花梨

清代

乌木雕松竹梅毛笔（带黄花梨笔盒）

全笔长 31cm 乌木

清代
白玉镂雕人物故事笔
全笔长 25.5cm 白玉、墨玉

清代

红木诗文双笔（带管）

全笔长 23.5cm 红木

清代

竹刻诗文图笔

全笔长 24/25.4cm 竹

清代

双竹合欢笔

全笔长 32cm 竹、象牙

民国
象牙雕刻冯镜如款笔（带笔架）
全笔长 26cm 象牙

若有善男子善女人以恒河沙等身
若復有人於此經中乃至受持四
為他人說其福甚多
萬千通幽
徐世昌藏

民国

微雕山水文字笔

全笔长31cm 虬角、牛角

现代
仿唐式鸡距紫毫笔
全笔长 30cm 竹

现代
仿唐式缠纸笔
全笔长 24cm 竹

现代
藏息堂“沁”缠纸笔
全笔长 22cm 竹、紫兔毫

现代
“左琴右书”笔
全笔长 30cm 竹

现代
藏息堂“坤”写经笔
全笔长 18cm 黑檀、紫兔毫

现代
玛瑙禅笔
全笔长 22cm 玛瑙

墨

徂徕无老松，易水无良工。珍材取乐浪，妙手惟潘翁。鱼胞熟万杵，犀角盘双龙。墨成不敢用，进入蓬莱宫。蓬莱春昼永，玉殿明房栊。金笺洒飞白，瑞雾萦长虹。遥怜醉常侍，一笑开天容。

——（宋）苏轼《孙莘老寄墨四首》之一

監製

明代
邵格之玄灵墨
长 4.5cm 宽 4cm 厚 1cm

明代

汪中山暗八仙墨

直径 5.5cm 厚 0.5cm

明代
龙香御墨
长 10cm 宽 3.5cm 厚 1cm

明代

溦金家藏墨

长 7cm 宽 2cm 厚 1cm

明代

凤九雏墨

长 11cm 宽 5cm 厚 1.5cm

明代

太乙负螭墨

直径 5cm 厚 1cm

明代

兰玉墨

长5cm 宽2cm 厚0.5cm

明代

寥天一墨

长 5cm 宽 2cm 厚 1cm

明代

石漆八音墨

长 6cm 宽 3cm 厚 0.5cm

明代

千岁苓墨

长 8.5cm 宽 3cm 厚 1cm

明代

瑶池仙驾墨

长 5cm 宽 4.5cm 厚 1cm

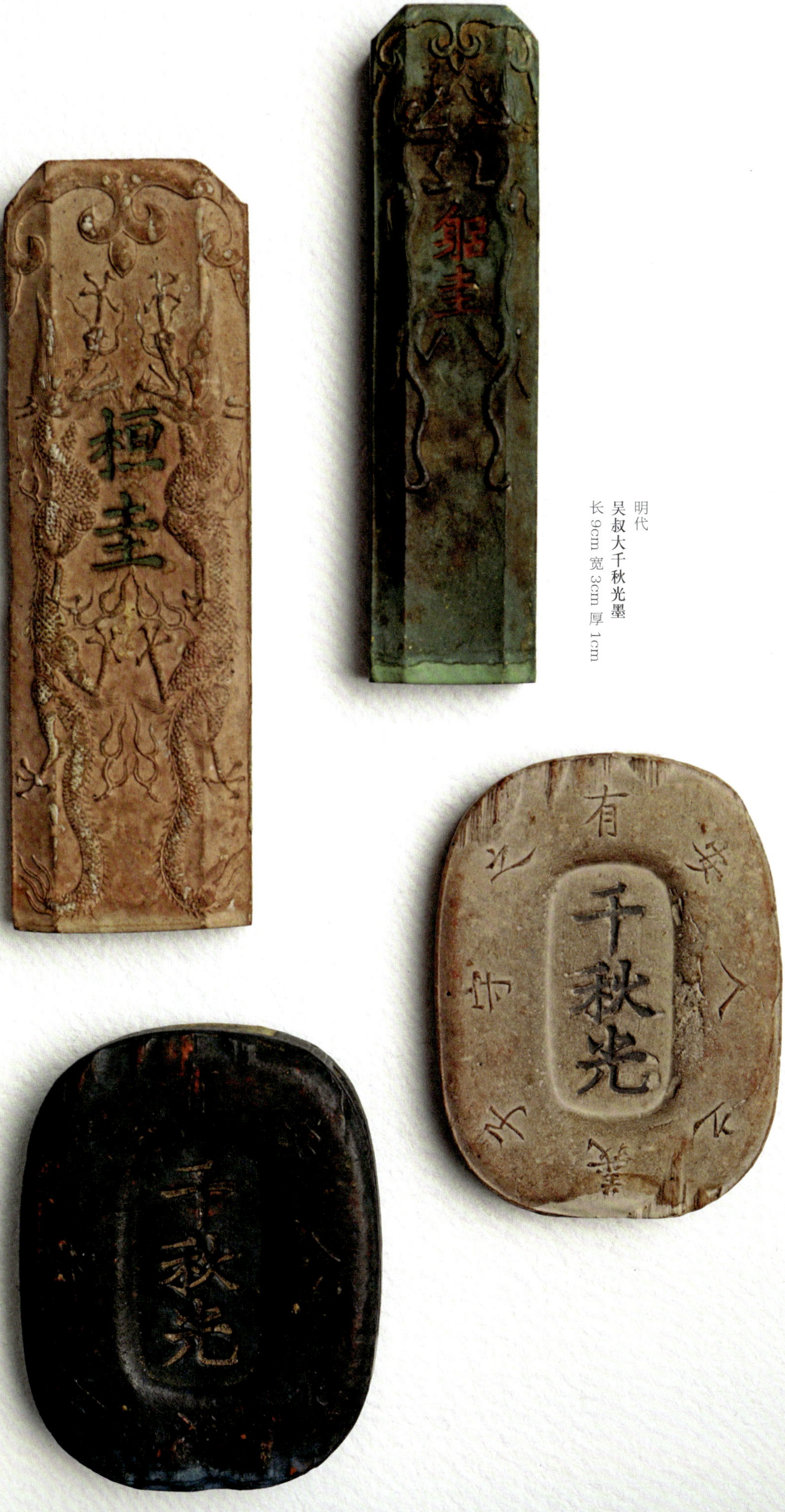

明代
吴叔大千秋光墨
长 9cm 宽 3cm 厚 1cm

清代
贡墨
长 8cm 宽 2.5cm 厚 1cm

清代
万年青贡墨
长 8.5cm 宽 2.5cm 厚 1cm

清代
知白斋乐志图墨
长 9cm 宽 1cm 厚 1cm

清代
花瓣墨
直径 4cm 厚 1cm

清代

五老图墨

长 4cm 宽 4cm 厚 0.5cm

清代

澄碧斋吴尹友臂搁墨

长 10.5cm 宽 3.5cm 厚 1cm

清代

槐鼎墨

长 8.5cm 宽 6cm 厚 1cm

清代

盱江胜迹墨

长 6cm 宽 1.5cm 厚 1cm

清代
黄庭流韵墨
长 7.5cm 宽 6cm 厚 1cm

清代

正翮搏风墨

直径 6cm 厚 1cm

芬芳馥郁密緻堅剛允為世
珍金玉其相
崑山徐乾學題

清代
徐乾学题紫玉光墨
长 6cm 宽 2cm 厚 1cm

紫玉光

清代
功翁叔元题紫玉光墨
长 6cm 宽 2cm 厚 1cm

清代

青麟髓墨

长 7cm 宽 2.5cm 厚 1cm

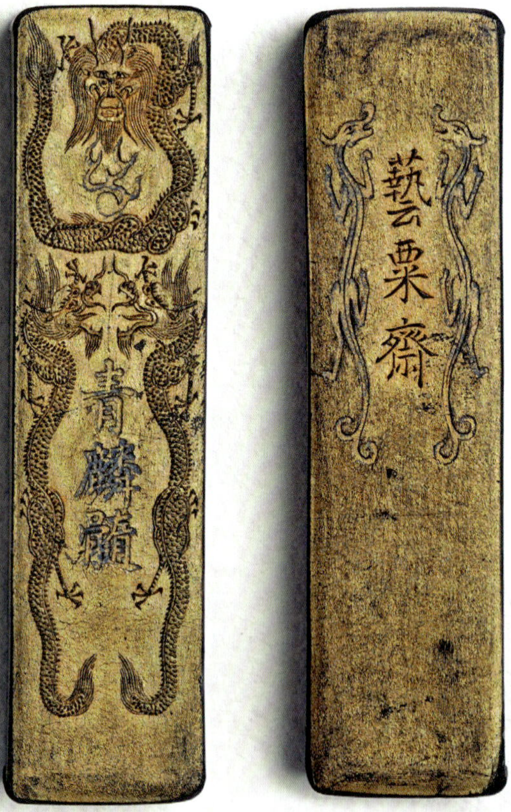

清代

青麟髓墨

长 7cm 宽 1cm 厚 1cm

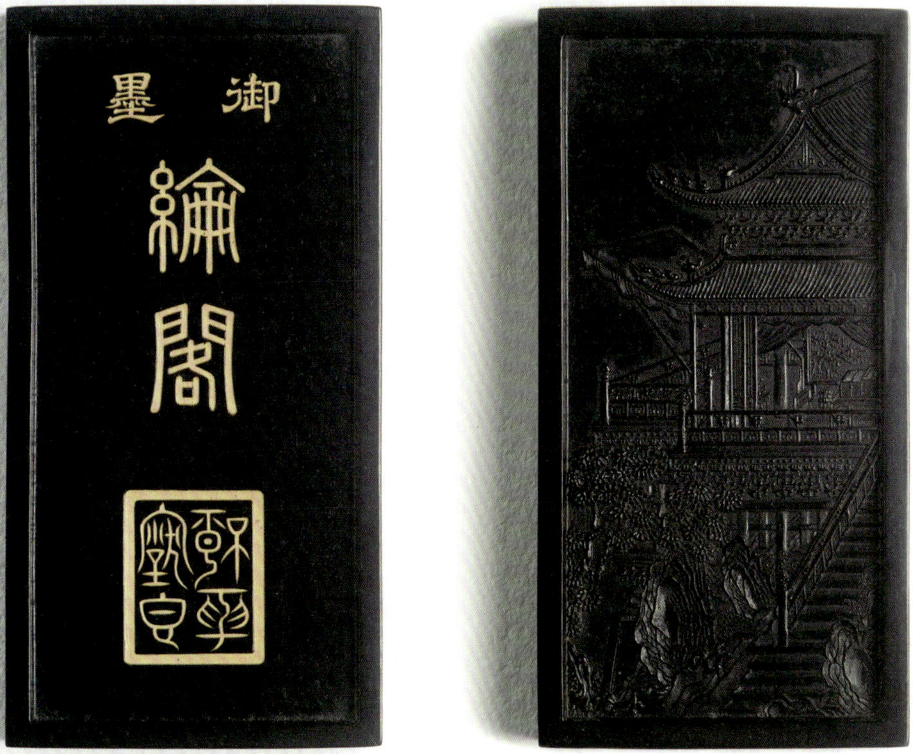

清代

纶阁御墨

长 15cm 宽 8cm 厚 2cm

清代
敦崇堂墨
长 8cm 宽 1cm 厚 1cm

清代
桐荫阁墨
长 7cm 宽 2cm 厚 1cm

清代

贡墨

长 9.5cm 宽 4cm 厚 1cm

清代

砚式墨

长 9cm 宽 4cm 厚 1cm

清代

汉宫狮坠墨

长 3cm 宽 3cm 厚 0.5cm

清代

石道人绣虎墨

长 6cm 宽 5cm 厚 0.5cm

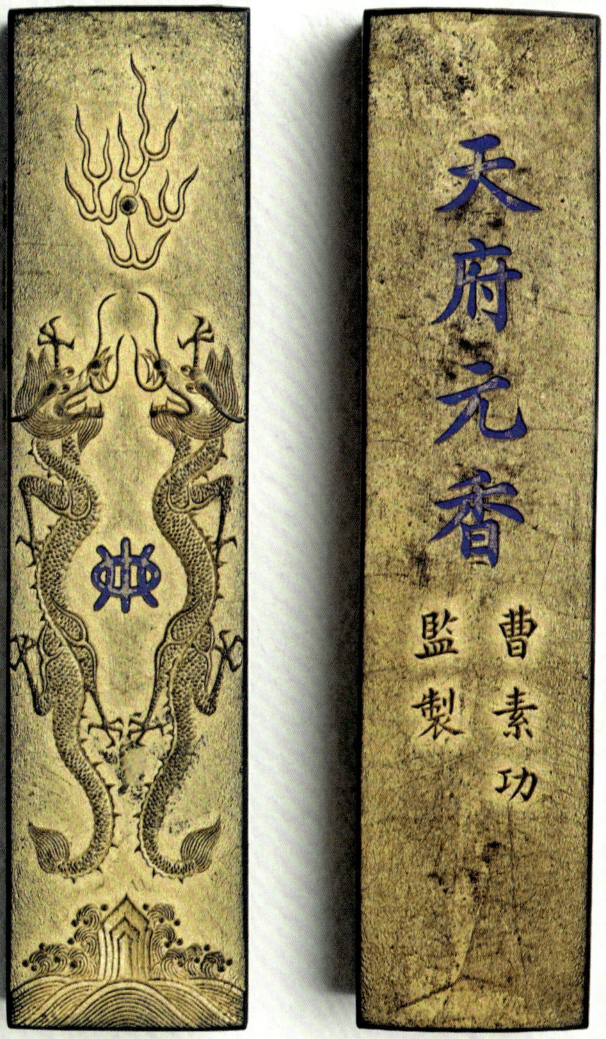

清代

天府元香墨

长 10cm 宽 2cm 厚 1cm

清代
汉瓦墨
直径 3cm 厚 0.5cm

清代

八龙之骏御墨

长 9cm 宽 6cm 厚 1cm

清代
蟠云御墨
长 8cm 宽 5cm 厚 1.5cm

清代
螭龙御墨
长 9cm 宽 5cm 厚 1cm

清代

宝鸿堂墨

长 7.5cm 宽 1.8cm 厚 0.8cm

御製詩
廣場曝曬慶西成黃白紛羅擇必
精積雪鋪雲溢庭院符占更顧孟
冬晴 揀曬
揀曬

清代

棉花图墨

长 12cm 宽 5.5cm 厚 1cm

清代

韵古堂钟形墨

长 7cm 宽 4cm 厚 1cm

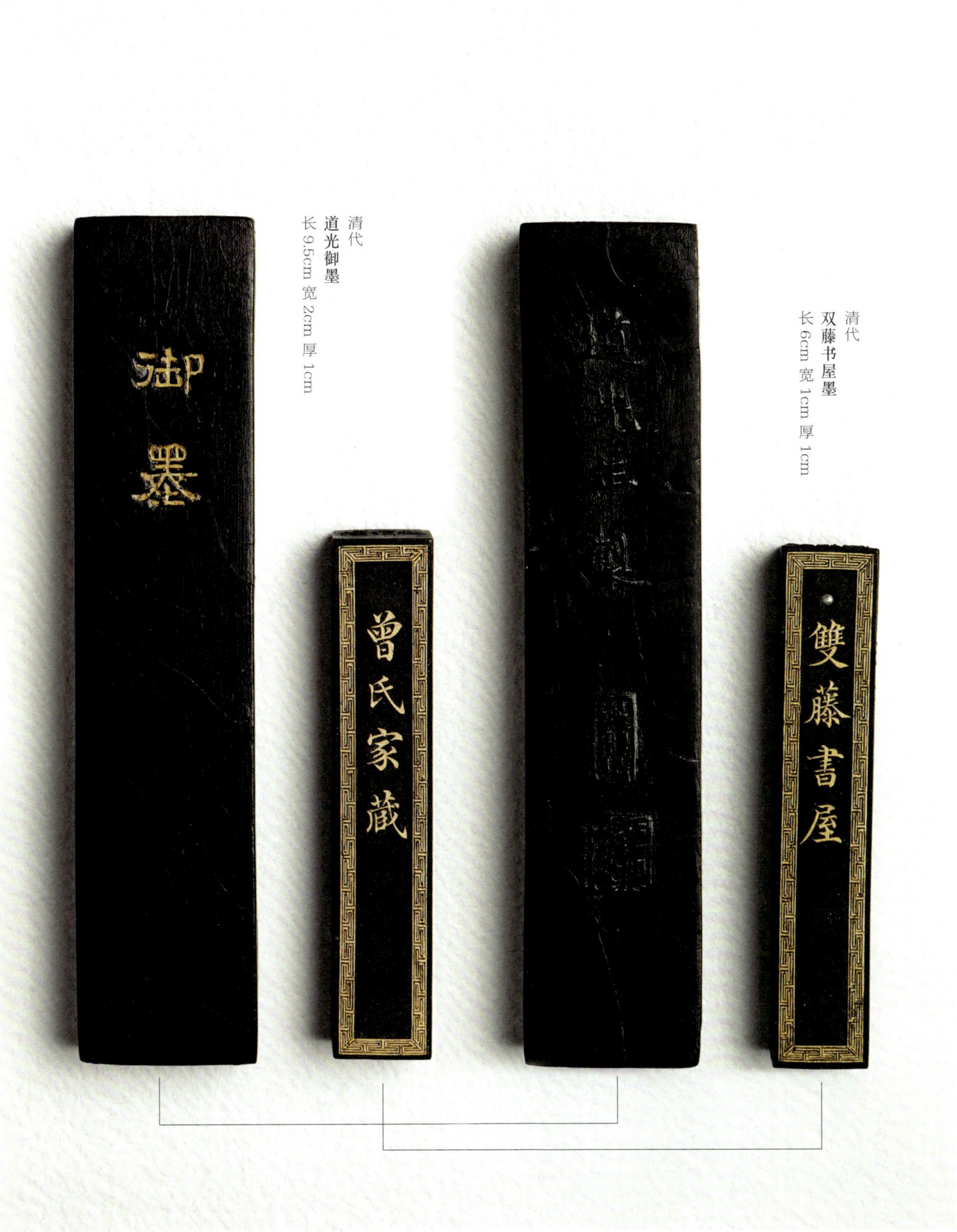

清代
道光御墨
长 9.5cm 宽 2cm 厚 1cm

清代
双藤书屋墨
长 6cm 宽 1cm 厚 1cm

现代
痴墨琴舍学书墨
长 8cm 宽 1cm 厚 1cm

现代
近庵持赠琴式墨
长 9cm 宽 2cm 厚 1cm

现代
金兰佳品
长 8cm 宽 2cm 厚 1cm 油烟

现代
漆烟松煤
长 12cm 宽 3cm 厚 1cm 漆烟

纸

皎白犹霜雪，方正若布棋。
宣情且记事，宁同鱼网时。
——梁宣帝 萧詧《咏纸诗》

元代
赵孟頫 避暑贴

大佛頂首楞嚴經二十卷全

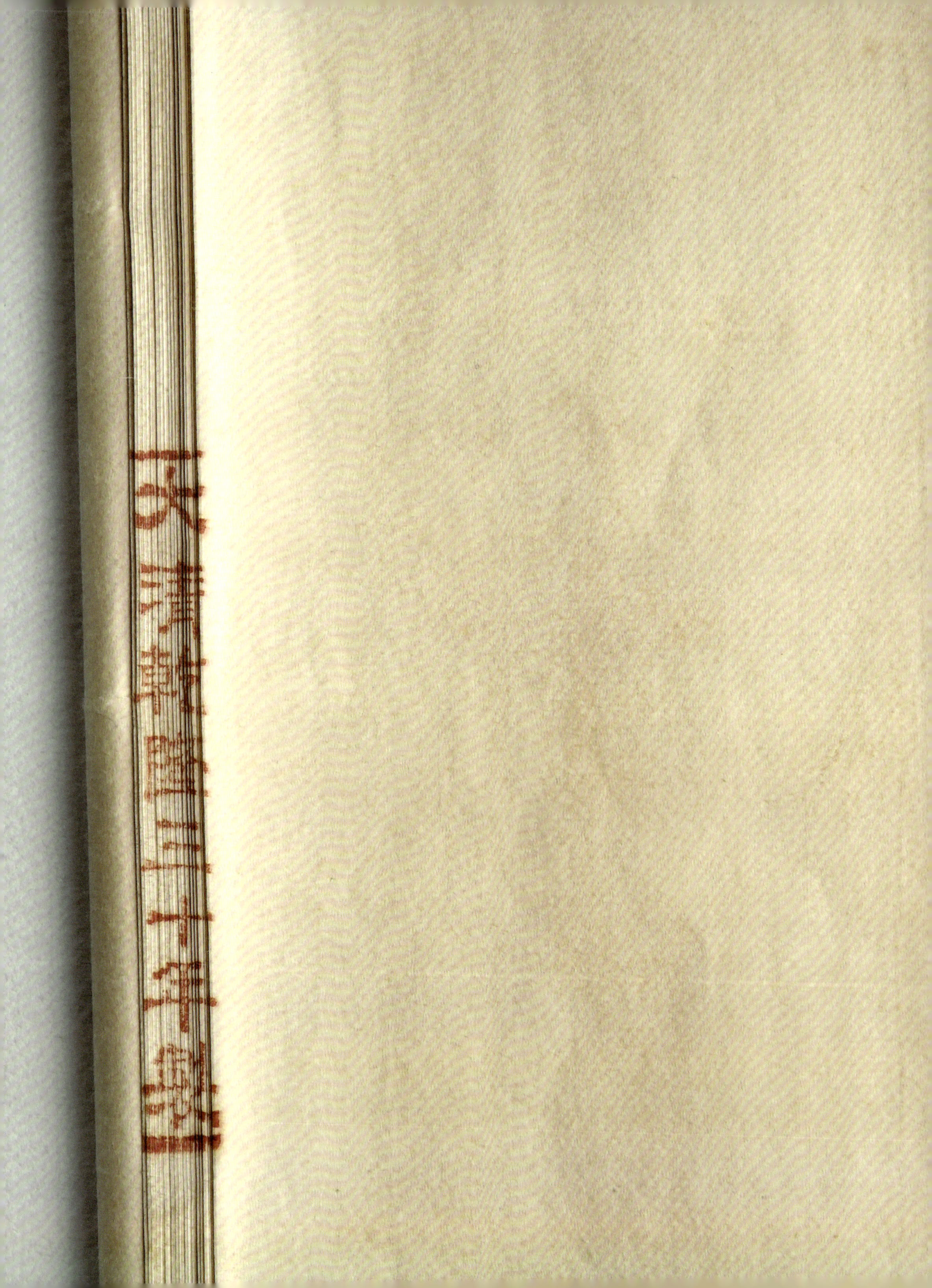

清代

玉版宣

53×30.5cm 宣纸

千億世界中一切佛一切菩薩一時雲集請
轉不可說法輪虛空藏化導法門是地有不
可說奇妙法門品奇妙三明三昧門陀羅尼
門非下地凡夫心識所知唯佛佛无量身口
心意可盡其原如光音天品中說十无畏與
佛道同
梵網經菩薩心地品卷上
歲次丁酉中秋敬書以此功德迴向
度一切苦厄
黃秋原一心

现代
藏息堂写经硬黄纸
25×700cm 竹、构皮

现代
草木染仿古笺
66×131cm

现代
石渠古纸
66×131cm

现代
宣德贡笺
66×131cm

现代
净皮熟宣
66×131cm

现代
仿宋元古纸
66×131cm

砚

或薄或厚，乃圆乃方，方如地体，圆似天常。
班温采散，色染毫芒，点黛文字，耀明典章。
施而不德，吐惠无疆，浸渍甘液，吸受流芳。
——（东汉）繁钦《砚赞》

五代
葫芦形歙砚
长 14cm 宽 10cm 高 2.5cm 歙石

唐代

箕形端砚

长 12cm 宽 8cm 高 2cm 端石

唐代

牡丹歙砚

直径 27cm 高 5cm 歙石

宋代
行囊歙砚
长 11cm 宽 5.5cm 高 2cm 歙石

宋代

琴形端砚

长 19.5cm 宽 11cm 高 2cm 端石

宋~元

钱币式歙砚（大布铭）

长 10.5cm 宽 7.5cm 高 1cm 歙罗纹石

宋代

洮河石子砚

长 10cm 宽 8cm 高 2cm 洮河石

宋～明

玉砚

长 8.5cm 宽 6cm 高 1.5cm 墨玉

宋代
原盖青蛙端砚
长 13cm 宽 9cm 高 2cm 端石

清代
素边长方砚
长 13cm 宽 9cm 高 2cm

明代
回纹边长方砚
长 16cm 宽 10cm 高 2.5cm

清代
如意池砚
长 13cm 宽 8.5cm 高 2.3cm

宋代
吉州石磨穿砚
长 13.5cm 宽 7.8cm 高 2cm

明代

鹅形砚

长 10.5cm 宽 7cm 高 2cm 歙眉纹石

明代

端石木叶砚

长 17cm 宽 9.5cm 高 2cm 端石

明代

蝉形荷转边砚

长 12.5cm 宽 9.5cm 高 2.8cm 歙眉纹石

明代

明甫铭琴型石砚

长 22cm 宽 14cm 高 3.5cm 紫石

明代

梦寄楼写诗砚

长 14cm 宽 11cm 高 4.5cm 朱砂澄泥

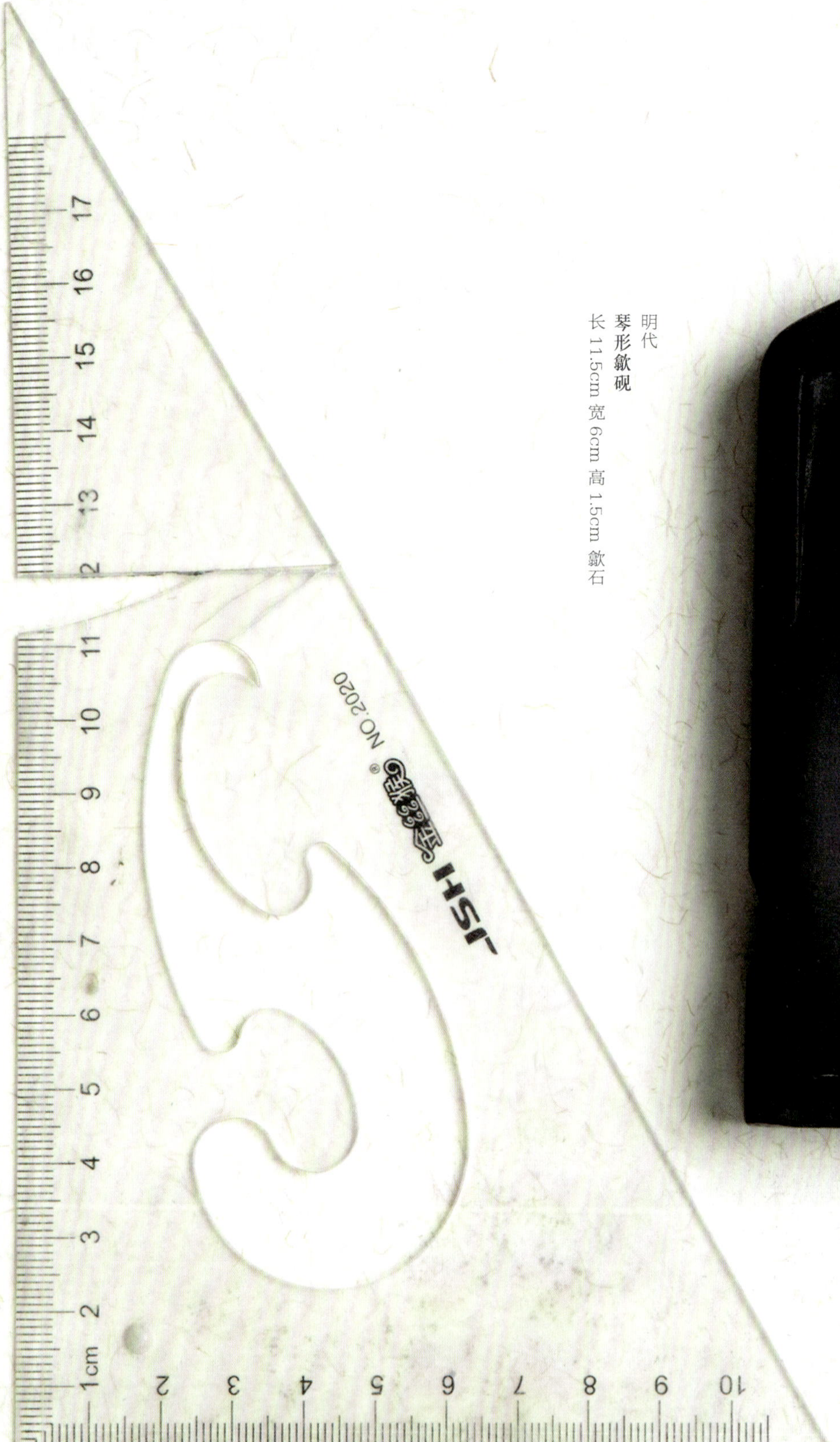

明代

琴形歙砚

长 11.5cm 宽 6cm 高 1.5cm 歙石

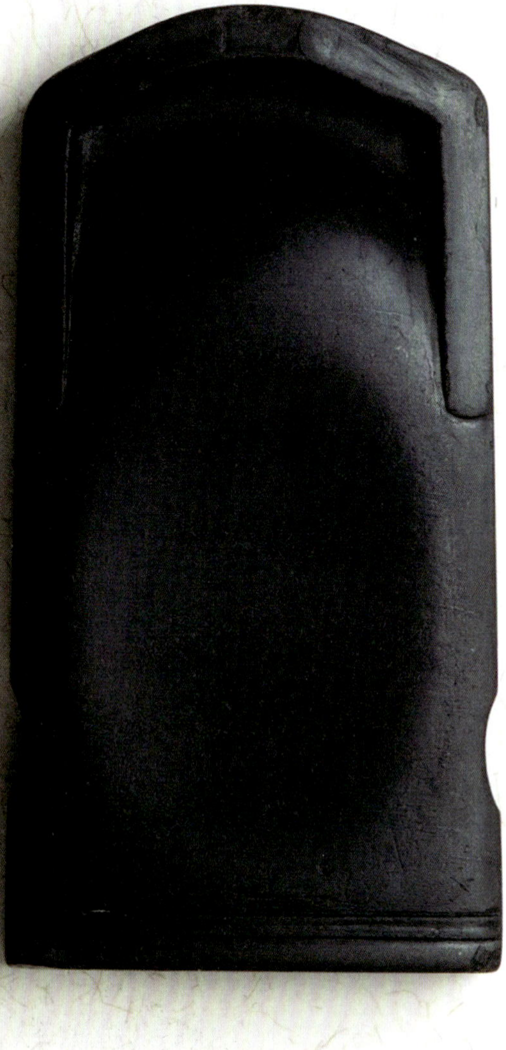

明代

云仲款五岳真形砚

直径 16cm 高 2cm 澄泥石

明代
云纹端砚
长 12.5cm 宽 10cm 高 1.5cm 端石

明代

柳叶眉纹砚板（带盒）

长 41cm 宽 29.5cm 高 4cm 歙眉纹石

明代

瓜池砚

长 13.5cm 宽 9.5cm 高 2cm 红洮河石

明代
祁阳石荷叶砚
直径 12cm 高 2cm 祁阳石

明代
端石云窝砚
长 25.5cm 宽 19.9cm 高 4cm 端石

明代

永平七星铁砚

长 15cm 宽 10cm 高 2.5cm 铁

明代

青花圆砚

直径 8cm 高 2cm 陶瓷

清代

金蟾澄泥砚

长 13cm 宽 10cm 高 6cm 澄泥

晚清民国

木段梅枝砚

长 14cm 宽 7.5cm 高 3cm 端石

清代

优昙花叶砚

长 17cm 宽 12cm 高 1cm 端大溪洞石

清代

芥舟款端砚

长 16cm 宽 10cm 高 2cm 端石

清代

水晶琴形砚

长 11cm 宽 6.5cm 高 1.5cm 水晶

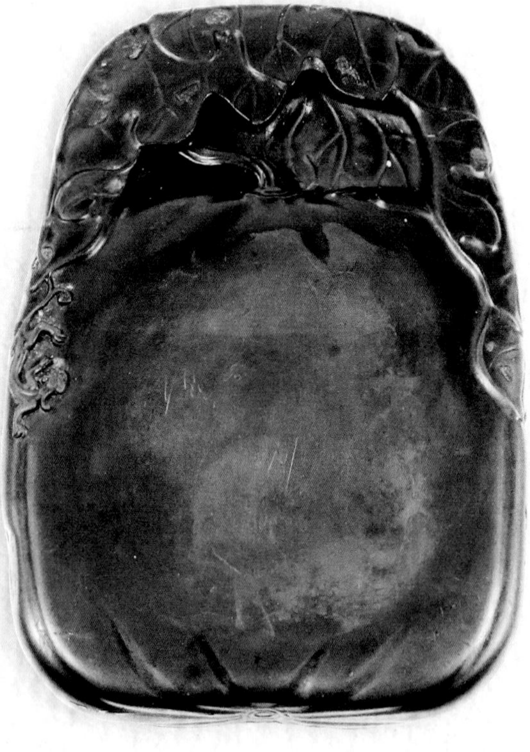

清代
绵绵瓜瓞铭肖形端砚
长 18.5cm 宽 12.5cm 高 2.3cm 端石

现代

水渠瓦砚

长 19.5cm 宽 11.5cm 高 3cm 歙石

现代

天象歙砚

直径 24cm 高 5cm 歙玉底罗纹石

现代

金蟾砚

长 27cm 宽 20.5cm 高 5cm 歙金晕籽石

现代

澄泥山峰砚

长 12cm 宽 12cm 高 11cm 澄泥

现代

汉白玉镶嵌写经砚

长 13cm 宽 8.5cm 高 5cm 汉白玉、端石

衛近博收羣史淂古
名姬二十餘人共成一卷
尚未刪定不敢上呈
摹鍾繇三帖愧未
似為恨直欲廢書耳
歲寒知體更佳為慰
摹和南書丁酉同祥

现代
随形端砚
长 14cm 宽 8cm 厚 3cm 端石

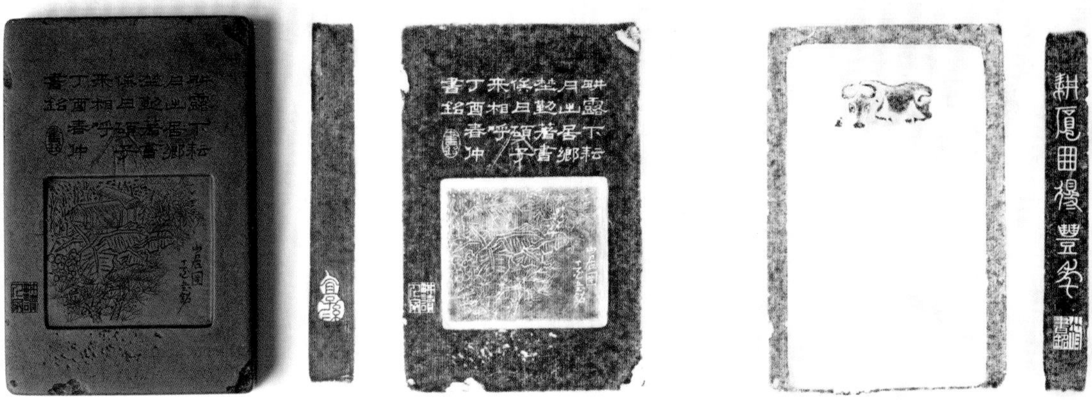

现代

耕耘砚

长 13cm 宽 9cm 高 1.5cm 歙石

现代
风字歙砚
长 18.5cm 宽 10.5cm 高 3cm 歙石

现代

端石三边天然砚

长 16cm 宽 15.5cm 高 5cm 端石

现代

松花初月砚

长 17cm 宽 10.5cm 高 2.5cm 松花石

现代

风字歙砚

长 13cm 宽 9cm 高 2cm 歙黑龙尾石

现代

大漆镶嵌行囊歙砚

长 11cm 宽 5.5cm 高 2cm 大漆、歙石

现代

大漆镶嵌八卦歙砚

直径 12cm 高 2.5cm 大漆、歙石

现代

大漆辟雍镶嵌砚

直径 10cm 高 3cm 大漆、歙石

现代

大漆镶嵌方城歙砚

长宽 13cm 高 4cm 大漆、歙石

赏

远望老嵯峨，近观怪嵚崟。才高八九尺，势若千万寻。
嵌空华阳洞，重叠匡山岑。邈矣仙掌迥，呀然剑门深。
形质冠今古，气色通晴阴。未秋已瑟瑟，欲雨先沉沉。
天姿信为异，时用非所任。磨刀不如砺，捣帛不如砧。
何乃主人意，重之如万金。岂伊造物者，独能知我心。

——（唐）白居易《太湖石》

宋代

灵璧小昆仑

长 32cm 宽 14cm 高 10.6cm 灵璧石

元代

铜笔山香炉

长 19cm 宽 6cm 高 11cm 铜

明代
灵璧玲珑岫
高 13.5cm 灵璧石

明代

石笔架山形镇纸

长 32cm 宽 14cm 高 10.6cm 灵璧石

清代

白芙蓉石赏石山子

长 15cm 宽 5cm 高 9.5cm 寿山

宋代

荷蟹笔洗

长 12cm 宽 6.5cm 高 3cm 歙石

宋代
黑石方形带盖水盂
长宽 6cm 高 6cm 黑石

宋~元

龟形水盂

长 9cm 宽 5cm 高 3cm 和田玉

明代
铁如意把件
长 34cm 高 3.5cm 铁

明代（棋子为清代）
折叠棋盘、围棋罐一对（含棋子）
长 45cm 宽 45cm 黄花梨

清代
象牙铭文臂搁
长 28cm

清代
紫檀竹节压尺
长 25.5cm

清代
紫檀嵌“多宝”压尺
长 27.5cm

清代
乌木嵌银丝臂搁
长 20.8cm

明代
黄花梨玉兰花卉卷筒
直径 20.5cm 高 19.3cm 黄花梨

清代

紫檀雕诗文笔筒

直径 11.5cm 高 15cm 紫檀

清代
红色螭龙纹“敬天尊祖”闲章
长 3.8cm 宽 3.8cm 高 3.6cm 料器

清代
瑞兽钮式白文闲章
长 1.5cm 宽 3.3cm 高 5.3cm 料器

民国
太狮钮式「砚海一粟」印
长 2.8cm 宽 3.8cm 高 4.8cm 寿山石

清代
邹一桂制「宜官秩，长乐吉，贵有日」闲章
长 3.1cm 宽 3.1cm 高 8cm 寿山石

清代
螭龙钮「山谷诗孙」朱文闲章
长 3cm 宽 3cm 高 4.7cm 田黄 子鉴作

明代

白玉瑞兽貔貅钮式“吴伟业印”

长 2.5cm 宽 2.5cm 高 3.2cm 和田白玉

清代
祁阳石雕螭龙纹“兢兢业业”闲章
长 3.3cm 宽 7cm 高 4cm 祁阳石

清代
浮雕荷花纹“荷亭”闲章
长 2cm 宽 1.9cm 高 7.2cm 寿山石

清代

怕丁自用“琢原永藏”鉴藏印

长 3cm 宽 3cm 高 6cm 寿山石

清代

寿山石浮雕螭龙纹“画障诗魔石顽印癖”闲章

长 2.8cm 宽 3.1cm 高 2.5cm 寿山石

清代
「江湖范蠡船」薄意方章
长 3cm 宽 2.5cm 高 3cm 寿山

民国
寿石工刻「匋簠衣钵」印
长 1.7cm 高 2.4cm 寿山白芙蓉石

明代
墨雨花香白玉印
长 3cm 宽 1.6cm 高 2.5cm 白玉

清代
碧如刻「古闽李必一」随形章
长 1.8cm 宽 2.5cm 高 2cm 寿山田黄石

民国
齐白石刻「保世之印」
长 2cm 高 5cm 青田石

（上）清代
金农刻寿山狮钮“浩平自得”闲章
长 3cm 宽 3cm 高 5.9cm 寿山石

（下）清代
金农刻寿山狮钮“碚藻墨香”闲章
长 3cm 宽 3cm 高 5.1cm 寿山石

清代
竹根朱文闲章
长 5.5cm 宽 5.6cm 高 5.8cm 竹根

现代
大漆臂搁、水丞、镇纸、毛笔
大漆

现代

叠嶂笔山

长 20cm 宽 4cm 高 9cm 紫砂、大漆

现代

崖石笔山

长 14cm 宽 4cm 高 7cm 紫砂

现代
博山香薰
炉口直径 8cm 高 18cm 紫砂、大漆

现代

云盖香薰

炉口直径 9cm 高 13cm 紫砂、大漆

图书在版编目（CIP）数据

器用为尚：文房艺术与文人生活特展 / 国家典籍博物馆，安徽省文房四宝协会编. -- 北京：国家图书馆出版社，2018.3

ISBN 978-7-5013-6307-0

Ⅰ. ①器… Ⅱ. ①国… ②安… Ⅲ. ①文化用品－中国－古代－图集 Ⅳ. ①K875.42

中国版本图书馆CIP数据核字(2017)第321896号

书　　名：**器用为尚——文房艺术与文人生活特展**
著　　者：国家典籍博物馆 安徽省文房四宝协会 编
责任编辑：王燕来
摄　　影：SANTIAGO BARRIO AIZPURUA
装帧设计：北京吾契国际文化传播有限公司

出　　版：国家图书馆出版社（100034 北京市西城区文津街7号）
　　　　　（原书目文献出版社 北京图书馆出版社）
发　　行：010-66114536 66126153 66151313 66175620
　　　　　66121706（传真） 66126156（门市部）
E-mail：nlcpress@nlc.cn（邮购）
Website：www.nlcpress.com （投稿中心）
经　　销：新华书店
印　　装：北京图文天地制版印刷有限公司

开　　本：889×1194（毫米） 1/16
印　　张：9.5
字　　数：150千字
版　　次：2018年3月第1版 2018年3月第1次印刷

书　　号：ISBN 978-7-5013-6307-0
定　　价：128.00 元